ÉPITRE *AMICALE*

A

M. L'ABBÉ BARRUEL,

SUR SA BROCHURE

AU SÉNATEUR GRÉGOIRE.

ÉPITRE *AMICALE*

A

M. L'ABBÉ BARRUEL.

Est-il vrai qu'on ne puisse jamais raisonner d'une manière calme et impartiale sur les grands intérêts de la patrie? On seroit tenté de le croire lorsqu'on jette les yeux sur une multitude d'écrits qui font, en ce moment, gémir les presses de la capitale. Dans quelques-uns, on voit empreintes à chaque ligne la sottise et l'ignorance de leurs auteurs; dans beaucoup d'autres, on découvre l'âme toute entière de quelques fanatiques qui se laissent gouverner perpétuellement par l'intérêt personnel. Ils combattent à outrance contre les principes de la raison et de la philosophie, pour rétablir un ordre de choses plus propre à leurs basses intrigues, et ne veulent pas voir que les lumières du siècle le rendent absolument impraticable. Il est cependant quelques écrivains qui, s'élevant à la hauteur du sujet

(4)

qu'ils traitent, devinant la pensée des bons
Français, ont su répandre dans leurs discus-
sions quelques lumières, et proclamer des vérités
utiles. C'est alors que la tourbe démagogique et
les cotteries de certaines gens encroûtés dans
leurs préjugés, mêlant les vociférations les plus
indécentes, aux raisonnemens les plus pitoyables,
ont couvert d'injures et traîné dans la fange
ceux qui avoient le courage et la générosité
de vouloir les éclairer. La raison et la vérité
marchent avec moins de bruit et plus de dé-
cence. Mais il est trop tard ; la nation désabu-
sée ne peut plus se laisser tromper sur ses véri-
tables intérêts. La France entière se tient sur ses
gardes ; elle vient de reconquérir ses droits im-
prescriptibles ; il n'est plus de force humaine qui
puisse désormais les lui arracher. Malheureux
qu'ils sont, n'ont-ils pas assez gémi sous la verge
du despotisme pour qu'ils doivent, par tous leurs
efforts, éloigner la possibilité même d'y retom-
ber? Mais, que dis-je? les voilà pour jamais con-
damnés au silence. Ce Roi, auquel ils faisoient
l'injure de prêter leurs sentimens, en s'étayant
de son nom, vient de confondre leur audace,
et de les signaler, comme des turbulens étrangers
aux intérêts et aux vœux de la grande famille ;
il ne leur reste plus qu'à chanter la palinodie :
cela ne leur sera ni pénible, ni difficile.

Que répondrez-vous, l'abbé Barruel, à la déclaration du Roi? elle est claire et précise. Votre

position me paroît embarrassante ; et j'avoue que si je ne savois que vous êtes un homme d'église, je craindrois que vous ne pussiez vous tirer du mauvais pas où vous vous êtes imprudemment jeté : car j'ai de l'intérêt pour vous ; vous êtes un bon homme. N'avez-vous pas imprimé *que le Roi lui-même n'a pas le droit de nous donner une nouvelle constitution* (1), *puisque, en changeant l'ancienne constitution, le pacte social de nos pères, il détruiroit, par cela seul, ses droits à la couronne.* Consolez-vous, mon cher abbé, le Roi ne perdra point sa couronne ; et nous aurons une constitution nouvelle, ferme et libérale. Au contraire, elle sera d'autant plus assurée sur sa tête ; qu'elle sera défendue par les lois et par tous les bons Français dont sa magnanimité lui aura gagné les cœurs, et qui prêteront tous leurs bras avec transport contre les factieux qui voudroient le troubler dans l'exercice des pouvoirs que la volonté générale lui aura délégués. Le Roi, cependant, mon cher abbé, ne manquera pas de vous

______

(1) Il est bien vrai, en principe, que le Roi n'a pas le droit de donner une nouvelle constitution au peuple français, à moins qu'elle ne soit discutée par ses représentans, et librement approuvée et acceptée par lui : mais ce n'est pas sur ce point que tombe la réflexion de M. l'abbé Barruel ; cet effort de raison seroit trop grand pour un homme de son état : il veut seulement dire qu'une nouvelle constitution dépouilleroit le Roi de la couronne.

savoir gré de l'intérêt que vous lui portez ; et des bons avis que vous lui donnez d'une manière si désintéressée. C'est une chose merveilleuse, mon cher abbé, comme votre bouche mystique, destinée à ne proférer que la parole de Dieu, sait saintement débiter des injures contre le prochain. C'est encore une chose plus merveilleuse que de vous voir raisonner en style d'apocalypse sur la législation politique. Pauvres Jean-Jacques, Montesquieu, Puffendorf, Gravina, etc., etc., vous n'êtes que des écoliers auprès de M. l'abbé. Ah ! que n'êtes-vous nés dans notre siècle, que n'avez-vous vécu dans l'intimité de M. l'abbé, vous auriez fait, avec le secours de ses lumières, des lois admirables. Il vous auroit dit, d'un ton d'inspiré : *in unamquamque gentem Deus præposuit rectorem*, pour gouverner selon son bon plaisir et selon celui particulièrement des gens d'église ; il vous auroit encore défini en six pages et en manière de logogryphe, ce que c'est que la souveraineté, et vous vous seriez écrié avec la foule de ses admirateurs : *Je n'y comprends rien ; mais cependant c'est admirable !* — Il vous auroit appris *ce que c'est que jurer le maintien du pacte social, d'une constitution.* Et, comment encore les enfans sont liés par le serment de leurs pères, lors même que ce serment les met dans une condition intolérable ? En vérité, mon cher abbé, vous raisonnez comme un ange sur la législation politique ; ou je me trompe fort, ou vous étiez né pour être publiciste. Quittez, quittez donc le froc : votre début dans cette nouvelle carrière vous promet de brillans succès pour l'avenir. Mais voyez pourtant l'aveuglement des hommes ! Louis, qui est certainement un ignorant (comme vous venez de le voir par sa déclaration), auquel les Anglais ont prêté, fort sottement, de profondes lumières ; Louis s'obstine à ne pas adopter vos principes ; la nation elle-même se rébelle contre vous. Ah ! un jour viendra, soyez-en certain, que la France vous élèvera des autels, et vous offrirez l'exemple de Cassandre qui, s'efforçoit en vain de faire recevoir ses sages avis aux Troyens, obstinés à précipiter leur ruine.

L'endroit, à mon avis, où votre génie s'est montré le plus sublime ; où votre raison et votre sagesse ont brillé de tout leur éclat, c'est lorsque, craignant que la France se donne de nouvelles lois, et pressentant les intentions magnanimes de Louis à cet égard, vous faites vos efforts pour le détourner de ce noble but. Mais, peine perdue pour vous ; le Roi ne vous a pas lu, et ne vous lira pas plus qu'il ne me lira, moi, qui ne vous écris que pour vous témoigner toute la joie que j'éprouve de voir que vous interprétez si bien les sentimens des bons Français. Votre adresse me paroît surtout admirable. Lorsque vous mettez le Roi dans la cruelle alternative, ou de perdre la couronne que l'amour des Français lui défère, ou de laisser subsister les anciens abus, et que vous voulez lui prouver, qu'en détruisant ce que vous appelez le pacte social de nos pères, il perdroit ses droits au trône de France, auquel, selon vous, il vient par succession. Quelle force de raisonnemens et de logique vous déployez, et quelles admirables conséquences en devroient être la suite ! Pour nous prouver que le Roi ne vient que par droit de succession s'asseoir sur le trône qu'ont occupé si honorablement ses pères, vous voulez d'abord (et c'est une conséquence immédiate de votre beau système), que , rentrant dans l'ordre de choses qui existoit en 1789, car vous oubliez qu'il y a eu en 91 une constitution adoptée par le Roi ; vous voulez, dis-je, que tout ce qui a été fait depuis 89 soit absolument comme non avenu ; que tous les gouvernemens que la France s'est donnés depuis cette époque jusqu'à nos jours, soient entachés d'une nullité radicale. Par suite, conséquemment, que les mariages, divorces, acquisitions de biens nationaux, transmissions d'héritages par successions ou autrement, et une multitude d'autres actes qui se sont faits en opposition avec les lois anciennes, soient absolument révoqués ; que tout se bouleverse, se détruise pour rentrer dans l'ancien ordre de choses, et qu'on rende sans doute les prérogatives et les biens du clergé. Cet avis me paroît des plus sages ; et je pense qu'il n'y a qu'une tête comme la vôtre qui puisse enfanter une si belle conception. Pour mon compte, je partage votre opinion avec transport, et je trouve rois extraordinairement commode qu'une belle terre qui m'étoit dévolue à titre de substitution, me revînt aujourd'hui ; ce seroit, d'ailleurs, de toute justice.

Une multitude d'ignorans, qui forme les sept huitièmes de la France, est d'une opinion diamétralement opposée à la vôtre ; et voilà à peu près comme elle raisonne, dans son aveuglement ; elle envisage d'abord le gouvernement monarchique comme le plus convenable à la France, à cause de sa population et de sa grande étendue ; et pour régir un territoire populeux et vaste, il faut un gouvernement qui agisse par des ressorts peu multipliés pour qu'il puisse communiquer rapidement le mouvement à la machine. Voici ce que disent ces ignorans pour prouver la légitimité des gouvernemens établis depuis la révolution jusqu'à nos jours, et la validité des actes qui en ont émané. — Il est constant que plus les sociétés s'augmentent (1), plus elles sentent le besoin de se donner des lois qui protégent en même temps la société toute entière et chacun de ses membres, et qui, les unissant

----

(1) Puisque M. l'abbé Barruel remonte à l'origine des sociétés, je dois l'y suivre.

en un même co rps, les mettent à même de résister aux attaques de leurs voisins. Voici comment se forme le contrat entre les individus qui se mettent en société : ils se réunissent en corps de nation, délibèrent sur les grands intérêts de la communauté ; et faisant abstraction du moi individuel, ne s'occupent plus que du bien général, qui devient en même temps celui de chacun. Ils se donnent des lois pour régler les divers rapports entre les citoyens, et délèguent le pouvoir de les faire exécuter à un ou plusieurs individus, qui sont, non les créateurs, mais les dépositaires de ces mêmes lois. Ce corps politique, fondateur de la suprême règle, en tant qu'il est dans l'exercice de ses nobles fonctions, est un être moral et collectif, *seul véritable souverain*, puisqu'à lui seul il appartient de fixer de quelle manière il entend être gouverné, de faire les lois enfin ; comme il devient sujet quand, quittant sa qualité de législateur, il se soumet aux lois qu'il s'est donné lui-même. Certainement on ne peut pas contester qu'à celui-là seul qui a créé appartient le droit de détruire son ouvrage, et que le contrat fait par la volonté générale peut se détruire par la volonté générale, comme il est loisible à l'acheteur et au vendeur d'une terre de rompre leur contrat, lorsque cela convient à l'un et à l'autre. Ces principes une fois établis, déduisons les conséquences. Lorsqu'après les désastres et les crimes de notre révolution, la nation se donna successivement plusieurs gouvernemens, elle en avoit certainement le droit et le pouvoir; donc il ne faut pas venir nous dire que tout ce qui a été fait depuis ces époques est radicalement nul, et qu'on succède à la couronne de France comme on succède au domaine de ses pères, parce, d'abord, le droit de succéder seroit interrompu par la volonté de la nation, qui se manifesta par le seul fait de la création de plusieurs gouvernemens; et parce qu'ensuite, comme l'ont fort bien dit le sénateur Grégoire et la constitution espagnole, une nation n'appartient qu'à elle-même et n'est la propriété d'aucun individu, d'aucune famille. Mais à quoi bon nous chicaner sur des points qui ne peuvent pas être contestés, et des vérités que les lumières du siècle montrent dans tout leur jour?

N'est-il pas bien plus beau, bien plus glorieux pour un Roi d'être appelé à gouverner par l'amour et les vœux unanimes d'une nation, que de venir revendiquer un trône par droit de succession? De grâce, M. l'abbé Barruel, ne nous ravissez pas le mérite, le bonheur, d'offrir à Louis une couronne; en venant nous démontrer qu'elle ne nous appartient pas, vous seriez un trop méchant homme. Sans doute Numa Pompilius, dont l'histoire honore tant les vertus et les talens, arraché à sa retraite par l'amour des Romains, qui le proclamoient comme l'homme le plus digne de les gouverner, a transmis à la

postérité un nom plus digne de notre admiration, qu'Auguste s'emparant de Rome par la
force des armes, et venant à titre d'héritier s'approprier un grand empire comme appartenant
à César, dont il étoit fils adoptif. Nouveau
Numa, Louis, que la France appelle aujourd'hui, dans le sein duquel elle se jette, ivre de
joie et de l'espérance de voir finir ses calamités,
sera comme lui grand et généreux; il sera comme
lui l'idole de son peuple; et consacrant sa vie au
bonheur des Français, d'une main il protégera
le territoire de la patrie, et de l'autre il défendra
l'arche sainte de nos lois. Ah! sans doute, son
nom, uni à ceux de Henri IV et de Louis XII,
passera à la postérité, accompagné de l'amour
et de l'admiration de nos derniers neveux. Consolez-vous, mères éplorées, qui craigniez de voir
vos enfans arrachés de vos bras pour être conduits à la mort, le glaive de la guerre va se
reposer; consolez-vous, intéressans et paisibles
habitans des campagnes, le produit de vos sueurs
ne sera plus consacré à enrichir de lâches favoris; et vous, bons citoyens, qui avez long-temps
pleuré sur les maux de la patrie, et qui gémissiez de voir chaque jour river ses fers, rassurez-vous, la liberté et le bonheur, long-temps
exilés du sol français, vont renaître parmi nous,
l'arrivée de Louis leur a donné le signal du
retour. L'Univers, frappé de l'étonnante révolution qui vient de s'opérer, contemple avec

surprise et admiration le premier Roi sage qui sentit de lui-même la nécessité de circonscrire ses pouvoirs, pour se rendre plus fort. Eh ! quand tous les Rois de la terre, éclairés par les lumières de la raison et de la philosophie, apprendront-ils que les peuples ne sont pas créés pour être les jouets de leurs caprices et les instrumens de leur ambition ! qu'ils ne doivent leur puissance qu'à la volonté de la nation, qui a toujours le droit d'exiger un compte de leur gestion ?

Mais revenons, mon cher abbé ; car j'oubliois encore de vous faire part de quelques réflexions que fait toujours cette même multitude ignorante qui glose sur votre sermon. Vous nous signalez sans cesse avec emphase, dit-elle, l'ancienne constitution qui gouvernoit la France ; il n'est pas probable que vous entendiez parler de celle de 91 ; on connoît trop vos principes pour le supposer. Où est donc cette constitution créée par nos pères eux-mêmes (car on ne pense pas que vous appeliez pacte social de nos pères des lois créées par nos Rois, et auxquelles nos pères n'ont certainement jamais participé), montrez-nous-la donc ; elle doit être bien belle, puisque vous la louez avec tant de complaisance ; et puis on ajoute : — Je crois qu'il en est de ce pacte social qu'on nous vante si fort, comme de ce cheveu de la Vierge qu'un prédicateur montroit à son auditoire, lorsqu'un incrédule l'interrompant, lui fit l'observation qu'il ne le voyoit pas; *Je le crois bien*, répondit le prêcheur, *il y à trente ans que je le montre, et je ne l'ai jamais vu.*

Ah ! je le pressens avec douleur, mon cher abbé, vous aurez encore beaucoup à faire pour ramener les gens pervers. Eh ! que n'allez-vous les haranguer de carrefour en carrefour ? il y a peut-être encore moyen de les mettre dans la bonne voie. Et comme déjà une partie de l'Europe est infectée du mal qui ravage la France, transportez-vous des rives de la Seine aux rives de l'Ebre et du Pô; franchissez, dans votre beau zèle, tantôt les Pyrénées, tantôt les Alpes ; et, nouvel ermite picard, préchez une croisade, et soulevez le peuple contre lui-même; allez rétablir en Espagne la sainte inquisition pour la propagation de la foi, et en Italie un grand nombre de religieuses institutions que je ne veux pas signaler ici. Vous n'ignorez pas, mon cher abbé, que les Espagnols, en délire, ont eu la brutalité de détruire leurs anciennes institutions, et qu'ils se sont donné, dans leur aveuglement, une constitution grande et libérale, d'après laquelle ils veulent être gouvernés, et qu'ils ont en même temps l'impudence de la présenter *gravement* à l'acceptation de Ferdinand; que les Italiens éprouvant quelque réminiscence de la vertu de leurs pères, ont eu la hardiesse de prétendre à être gouvernés par des lois de leur façon, avant d'avoir consulté sa Sainteté, qui

leur en auroit sans doute donné d'excellentes ;
car elle est infaillible, comme chacun sait. Ces
deux peuples offrent un beau champ à votre
éloquence et à votre saint zèle ; la mission est
noble et glorieuse ; le ciel vous créa tout exprès,
et votre écrit plein de douceur est témoin que
votre bouche distille le miel et la persuasion ; et
que, comme vous le dites fort judicieusement à
la fin de votre opuscule, *vous savez à une étonnante audace opposer la raison.* Ainsi soit-il.

D. L.

N. B. Comme je corrigeois l'épreuve de cette Bou-
tade, on m'a montré une Brochure signée DES*** qui
est *de la même force* que celle de M. l'abbé BARRUEL, et
qui mérite une réponse aussi sérieuse.

www.ingramcontent.com/pod-product-compliance
Lightning Source LLC
LaVergne TN
LVHW050439060726
842526LV00007B/2672